Secretos
que incomodan

Escrito por Paulina Ponce

Ilustrado por Stephanie D. Halfen

Babu Books

Para mis hijos Felipe y Sofía, constante fuente de alegría. - *PP*

A mis hijos, luces de mi vida. - *SDH*

Primera edición 2010

Copyright © del texto: Paulina Ponce
Copyright © de las ilustraciones: Stephanie D. Halfen

Diseño y diagramación: Stephanie D. Halfen

ISBN 978-0-9831320-0-4

¿Tú sabes qué significa la palabra **incómodo**?

Cuando te pones unos zapatos que te quedan chicos y te aprietan: **¡eso incomoda!**

Cuando alguien te abraza y tú **no** quieres que lo haga: **¡eso incomoda!**

Cuando tu mamá descubre que dijiste una mentira y te mira a los ojos y te sonrojas: **¡eso incomoda!**

¿Y tú? ¿Has vivido una situación **incómoda**?
¿Qué sentiste? ¿Qué hiciste?

Algunos sienten que la sangre les sube a la cabeza y se ponen rojos.

Otros no entienden qué está sucediendo y se ponen pálidos.
Algunas personas se quedan sin habla...
Y a ti, ¿qué te sucede?

Utiliza este espacio para dibujar o escribir lo que te sucede cuando te sientes **incómodo**.

Ahora hablemos de los **secretos**.
¿Tú sabes qué es un **secreto**?

Son confidencias o algo que un amigo te dice porque confía en tí y te pide que no se lo cuentes a nadie. Puede ser que te cuente dónde esconde sus dulces favoritos o que está organizando una fiesta sorpresa a su profesora.

Ese tipo de secretos puedes guardarlos porque no hacen daño a nadie; **no incomodan.**

Dibuja un secreto que **no** te haga sentir incómodo.

Al inicio hablábamos sobre cierto tipo de abrazos que incomodan, ¿recuerdas? También existen abrazos, besos y caricias que nos gustan y nos hacen sentir bien.
Este tipo de abrazos los permitimos porque **no incomodan**.

Si alguna vez una persona, sin importar que sea alguien cercano a tí, te toca o intenta tocarte en formas que te hacen sentir incómodo, dile: **¡Para!, ¡No lo hagas!**
No guardes este secreto.

No importa si la persona te amenaza, ofrece
algo o te dice que no se lo digas a nadie,
¡debes contárselo a una persona en quien confías!

Piensa en 3 personas en las que puedes confiar y dibújalas o escribe su nombre. Recuerda que una persona confiable es alguien que te escucha con atención, cree lo que le dices y te ayuda a solucionar un problema.

Los **secretos que incomodan** te harán sentir triste, con miedo o confundido, **¡no los guardes!**

Acuérdate de los zapatos apretados: pueden llegar a herir tus pies. De la misma manera, un secreto que te hace sentir mal puede lastimar tu corazón. No te avergüences,
¡cuéntaselo a alguien en quien confías!

Al compartir lo que nos preocupa con personas confiables, nos damos la oportunidad de encontrar una solución a un problema grande o pequeño.

¡Inténtalo!

"El cuento me parece sencillo, directo y útil. Lo recomiendo como una herramienta para prevenir el abuso sexual."
Eliana Gil, PhD
Directora de Gil Center en Fairfax, Virginia.

"Secretos que Incomodan me parece un cuento muy bonito, ideal para niños pequeños. Las ilustraciones complementan y recrean el texto muy bien".
Francisco Delgado Santos
Escritor ecuatoriano de literatura infantil

"El cuento tiene mensaje. Considero que está bien escrito y puede servir para formar a los niños y niñas frente a las agresiones lamentables de los adultos."
Fausto Segovia Baus - Editor de la revista
EducAcción, Ecuador

Paulina Ponce, fundadora de Azulado, es Psicóloga Infantil con 17 años de experiencia en el área educativa y clínica.
Stephanie D. Halfen, es Arquitecta y Diseñadora. Trabajan juntas para crear esta serie educativa que busca complementar la ardua labor de Fundación Azulado, asociación ecuatoriana sin fines de lucro, que promueve la prevención del maltrato y abuso infantil.

www.ingramcontent.com/pod-product-compliance
Lightning Source LLC
Chambersburg PA
CBHW042129040426
42450CB00002B/127